Sinn des Lebens finden

Dennis Streichert

ISBN: 9781677714858
Imprint: Independently published

INHALTSVERZEICHNIS

1 | Vorwort

Endlich! Mein anstrengendes Studium schritt dem Ende zu. Nur noch die letzte mündliche Prüfung, und dann... Und dann? Auf nach Australien! Am selben Tag meiner Prüfung ging es abends mit dem Flieger nach Australien. Ein Zwischenhalt in Thailand und schwuppdiwupp bin ich auch schon in Sydney gelandet.

Im Grunde war das ganz schön mutig von mir, im Vorfeld einen Flug für diesen Zeitraum zu buchen. Es könnte ja sein, dass ich durchfalle durch die Prüfung und kurz darauf nachholen müsste. Doch ich war optimistisch – und ein wenig risikofreudig. Gott sei Dank ging alles gut und ich konnte mein wohlverdientes Sabbatical in Australien antreten.

Es war genial, an den herrlichen Stränden in der Sonne zu brutzeln und im türkisen Ozean-Wasser zu schwimmen. Während ich diese Zeilen schreibe, fühle ich wieder diese Sehnsucht nach Australien in mir aufsteigen. Es war wunderbar dort! Bei der Erinnerung an diese schöne Zeit steigt mir ein Lächeln auf.

****

GRATIS Email-Kurs „Berufung finden" + eBook:
https://dennis-streichert.de/gratis-ebook

****

Einfach mal abschalten, innehalten, nachdenken…

Irgendwie habe ich in Australien das Podcast-Medium für mich entdeckt. Da ich mich entspannt, in der Sonne gelegen oder Sport gemacht habe, konnte ich mir sehr viel angehören. Ich weiß noch, dass ich die Westküste entlanggefahren bin und stundenlang Podcasts gehört habe. Und weißt du was? Inzwischen betreibe ich meinen eigenen Podcast, den „Leben mit Sinn" Podcast.

Nach und nach hat sich mein Mindset angefangen zu verändern. Durch die vielen inspirierenden Kanäle zum Thema Erfolg, Persönlichkeitsentwicklung, Business etc. wurde und werde ich weiterhin sehr geprägt.

Dabei ist mir eine Frage in Australien wichtig gewesen: Was will ich mit meinem Leben anfangen? Was ist meine Berufung, meine persönliche Lebensvision? Ich hatte ja Zeit genug, um nachzudenken. Während ich in dem schönen Land mein Leben genossen habe, konnte ich auch besser und tiefer nachsinnen.

Was ist der Sinn meines Lebens?

Was hat sich herausgestellt? Mir ist in Australien meine Berufung klar geworden. Sie hat sich entwickelt mit der Zeit, bis ich sie mir konkret definieren konnte. Schriftlich festgehalten habe ich diese Berufung am Flughafen auf dem Rückflug.

Dies war für mich etwas Kostbares, das ich aus Australien mitgebracht habe. Etwas Immaterielles. Doch nun wusste ich, wofür ich leben möchte. Was mein Ding ist. Okay, um ehrlich zu sein, war die verschriftlichte Vision damals nur die erste Fassung. Ich habe sie später noch konkretisiert und etwas abgeändert.

Doch war Australien die Geburtsstätte meiner Berufung. In anderen Worten: Der persönliche Sinn meines Lebens. Wenn ich in diesem Buch von der Berufung oder dem Sinn des Lebens spreche, meine ich dasselbe. Es sind verschiedene Begriffe, die ich jedoch synonym verwende.

In aller Kürze heißt meine Vision „improve people's lifes". Im Grunde geht es darum, dass ich die Lebensqualität anderer Menschen verbessern möchte. Sie sollen Zugang zu Trinkwasser, Lebensmittel sowie Bildung und Gesundheit erhalten. Ich möchte Menschen aus ihrem Elend verhelfen.

Ein großes Anliegen ist mir außerdem, anderen Menschen zu ihrer persönlichen Berufung zu verhelfen. Ich verstehe, wie wichtig es ist, den Sinn des Lebens zu begreifen. Man geht nicht mehr planlos durch das Leben. Denn du hast so eine Orientierung, wonach du deine Aktivitäten ausrichtest.

Vor allen Dingen ist es der Sinn meines Lebens, viele andere Menschen zu einer tiefgehenden Beziehung zu Jesus Christus zu verhelfen. Er gibt dem Leben einen wahren Sinn. Seit ich mit ihm lebe, desto mehr Freude und Glück erfahre ich.

Durch meinen Blog (https://dennis-streichert.de/blog) und den Podcast (https://dennis-streichert.de/podcast-leben-mit-sinn/) möchte ich viele Menschen inspirieren, ihre Berufung zu suchen, ihre Lebensqualität zu erhöhen und vor allem eine herrliche Beziehung zu Jesus zu führen.

2 | Deine Suche nach dem Sinn des Lebens

Mit meiner eigenen Story habe ich mich dir kurz vorgestellt. Zeigen, dass es möglich ist, seinen Sinn des Lebens zu finden. Es ist etwas tolles, wenn man den Sinn des Lebens findet. Du gehst viel motivierter an deine Arbeit und machst die Dinge, die dich erfüllen und deiner Berufung näherbringen.

Was den Sinn des Lebens angeht, unterscheiden wir zwischen zwei Bereichen. Es gibt zum einen den übergeordneten, allgemeinen Sinn des Lebens. Darauf gehe ich im ersten Teil des Buches ein. Zum anderen gibt es den persönlichen, individuellen Sinn des Lebens. Darüber schreibe ich im zweiten Teil des Buches.

Dieses Büchlein ist nicht zum reinen Konsumieren gedacht. Es ist keine Gute-Nacht-Lektüre, die du so nebenbei liest. Vielmehr dient das Buch dir zum Selbstcoaching bei deiner Suche nach dem Sinn des Lebens. Suche dir zur Bearbeitung dieses Selbstcoachings am besten einen ruhigen Ort aus. Wo du ungestört nachdenken kannst. Wo du nicht gestresst und unter Druck bist. Wenn du die Möglichkeit hast, so wie ich zu verreisen, ist das eine geniale Möglichkeit. Lasse deine Verpflichtungen zuhause und fokussiere dich auf das, was du wirklich im Leben willst. Doch natürlich kannst du genauso gut zuhause deine Berufung finden.

Ziehe dich immer wieder zurück, ohne Termine oder ähnliches zu haben, an das du denken musst. Ja, trage dir am besten lange Termine in deinen Kalender dafür ein, damit nichts zwischen kommt. So hast du deine Ruhe, um dich mit dem Sinn des Lebens auseinanderzusetzen.

Ich behaupte, dass gerade in den entspannten Momenten du dir deiner wirklichen Bedürfnisse im Innern klar werden kannst. Nehme dir am besten deinen Lieblings-Tee, Cappuccino oder ähnliches mit, damit du mit einem positiven Gefühl dieses Buch liest und bearbeitest.

Es ist absolut wichtig, dass du etwas zum Schreiben hast. Vielleicht ein schönes Notizbuch. Ich selbst mag es, meine Gedanken digital festzuhalten in OneNote. Jeder, wie es ihm gefällt. Nehme also dein Herz, einen Tee und Schreibzeug mit auf die Reise, deine Berufung zu finden :-)

Was ich noch sagen möchte: Es ist kein klassischer Ratgeber, nach dem Motto: „In 7 Schritten zum Sinn des

Lebens". Ich kann nicht garantieren, dass du am Ende zu 100% deinen persönlichen Sinn des Lebens kennen wirst. Es ist ja auch so, dass er sich immer wieder anpassen, die Richtung ändern und dir mit der Zeit andere Dinge wichtiger werden können.

Ich bin überzeugt, dass du den allgemeinen Sinn des Lebens begreifen wirst und deinem persönlichen Sinn einen gehöriges Schritt näher kommst.

Du bekommst zahlreiche Übungen an die Hand, die dich zum Nachdenken anregen und dich aus verschiedenen Perspektiven näher zu deiner Berufung führen sollen. Dieses Buch hat das Ziel, dir über die einzelnen Kapitel viele Anregungen zu geben, über welche du den Sinn des Lebens finden kannst.

Es nützt nichts, das Buch einfach nur durchzulesen und dann beiseite zu legen. Wie gesagt, nehme dir genügend Zeit für diese so bedeutsame Erkenntnis für dein Leben. Dann bearbeite die einzelnen Aufgaben sehr sorgfältig.

Indem du dich mit den Fragen und Aufgaben beschäftigst, schärfst du dein Bewusstsein für deine Berufung. Dein Gehirn fokussiert sich auf deinen Wunsch, den Sinn des Lebens zu finden. Dadurch kannst du jederzeit einen Einfall, einen Impuls, erhalten, zu dem du es gar nicht vermutet hättest. Zum Beispiel unter der Dusche, beim Sport oder Staubsaugen.

Mein großes Anliegen ist es, dich mit diesem Buch auf deiner Reise, den Sinn des Lebens zu finden, zu begleiten. Es ist meine persönliche Vision, andere Menschen aus einem mittelmäßigen Leben zu einem herausragenden Leben zu verhelfen. Deine Berufung ist dazu ein entscheidender Part.

Bevor du nun mit Kapitel 3 fortfährst, bitte ich dich um folgende Vorbereitung:

☑ **Kaufe dir ein Notizbuch, lege ein Word-Dokument oder ähnliches an für die vielen Fragestellungen im Buch**

☑ **Reserviere dir für die nächsten Wochen viel Zeit, um dich ausgiebig in den Prozess der Sinnfindung zu vertiefen**

Power-Tipp

Was ich dir außerdem noch empfehlen kann: Visualisiere deine Gedanken und Gefühle beim Durcharbeiten dieses Buches. Klar sollte sein, dass du dir nicht bloß Gedanken machst, sondern diese auch mitschreibst in ein Notiz- oder Tagebuch. Doch um es besser auszudrücken, was in deinem Kopf oder Herzen vor sich geht, kannst du gerne auch Bilder malen oder Bilder aus Katalogen bzw. dem Internet zusammenkleben.

☑ **Erstelle Bilder deiner Gedanken und Gefühle**

Das Buch enthält viele inspirierende Impulse. Konkrete, praktische Aufgaben sind dann in fettgedruckter

Schrift mit einem Häkchen davor („☑"). Nehme dir für diese Aufgaben bzw. Fragen ganz viel Zeit und Ruhe.

Also, jetzt wünsche ich dir viel Freude bei diesem Buch, dass du dich besser kennen lernst und den Sinn des Lebens findest.

Dein Dennis Streichert

Teil 1: Der Allgemeine Sinn des Lebens

3 | Spreche mit dem Planer

„Och nö, warum muss mein Wagen gerade jetzt liegen bleiben..“ Der Fahrer des defekten Autos schafft es gerade noch, sein Fahrzeug am Straßenrand zum Stehen zu bringen. Was soll er jetzt machen?

Zu jener Zeit gab es noch keine Handys und er fühlt sich aufgeschmissen. Doch, was für ein Glück! Von ferne sieht er zwei Scheinwerfer, die immer näher kommen. Der Wagenbesitzer macht deutlich auf sich aufmerksam. Erleichtert sieht er, dass das andere Auto etwas weiter vorne stehen bleibt. „Jetzt kriege ich Hilfe und kann gleich wieder weiterfahren“, denkt er erleichtert.

Die Erleichterung hält jedoch nicht lange. Aus dem dazu gestoßenen Auto steigt nämlich so ein Anzugträger aus. Solche Typen kennt er aus der Chefetage auf seiner Arbeit. Menschen, die sich vornehm verhalten, als wären sie der Herr Kaiser persönlich. Niemals würden die sich nur einen Finger schmutzig machen. Und gerade so einer ist hier aufgetaucht, um sein Auto wieder zum Laufen zu bringen?!

„Na, kommen Sie mit Ihrem Auto nicht weiter?", fragt der schicke Kerl freundlich.

„Nö, bin liegen geblieben. Habe gehofft, jemand kann mir helfen. Doch wenn ich Sie so sehe, kann ich wohl mit keiner Hilfe rechnen. Haben Sie schon mal einen Schraubendreher in der Hand gehalten?", gibt er bissig zurück.

Doch der Anzugträger, wenn ich ihn mal so charakterisieren darf, lässt sich von der angreifenden Bemerkung nicht beirren. Selbstbewusst öffnet er die Motorhaube, schaut gekonnt einige Stellen an und siehe da, schon dreht er an ein paar Schräubchen und Kabeln.

„Starten Sie mal", ruft er dem hilflosen Fahrer des defekten Fahrzeugs zu.

Dieser ist zwar wenig optimistisch, hört jedoch auf den unbekannten Helden und startet die Zündung.

„Broommmmmm", macht das Fahrzeug. Eben noch wollte es nicht anspringen, doch jetzt läuft der Motor sauber wie am Schnürchen.

„Nee, das glaub ich jetzt nicht. Boa, lieber Herr, wie haben Sie das denn hinbekommen?", ruft der Autofahrer dem hilfsbereiten Anzugträger zu, fällt ihm um den Hals und lacht herzhaft. Dessen Antwort:

„Mein Name ist Henry Ford. Ich habe das Auto gebaut".

Der Erfinder weiß es besser

Wie findest du diese Geschichte? Als ich sie gehört habe, hat sie mich berührt. Der Fahrer mit dem kaputten Auto hat auf ein Vorurteil vieler Menschen gebaut und dem Anzugträger nicht vertraut, dass er handwerklich geschickt ist für die Reparatur.

Als erste Lektion des Buches, um den Sinn des Lebens zu finden, möchte ich die wichtigste Grundlage dafür legen. Hierzu will ich dich einladen, deine Komfortzone zu erweitern.

Worum geht es? Frage *Gott* danach, was er mit dir vor hat und was deine Berufung ist.

Jetzt hältst du mich vielleicht für völlig bekloppt. Du denkst: „Was soll das mit Gott. Ihn gibt's doch gar nicht".

Ja, es gibt viele Menschen, die behaupten, Gott sei ein Märchen.

Hey, ganz ehrlich: Wenn du einmal tief in dich hineinschaust. Darüber ernsthaft nachdenkst. Dann fühlst du und weißt du, dass es einen Gott gibt. Dass es mehr im Leben gibt, als wir sehen und verstehen können.

Bist du jetzt entrüstet und willst womöglich sogar das Buch beiseitelegen?

Bitte, bleibe dran. Lasse dich auf diese neue Erfahrung ein und beurteile nach, sagen wir mal, 7 Tagen, ob es dir was gebracht hat oder nicht. Diese Lektion dient zu deinem besten, und ich wäre unfair dir gegenüber, sie zu unterschlagen.

Okay, darum geht es konkret:

Ich glaube, dass Gott ebenso real ist, wie Henry Ford es einmal war. Mit dem Unterschied, dass Gott auch jetzt lebt und da ist. Als Erfinder und Hersteller des Fahrzeugs, hatte Ford den Überblick über das Auto. Er kannte sich aus und konnte es dadurch leicht reparieren.

Als Schöpfer der Menschen ist Gott auch dein persönlicher Schöpfer, dein Erfinder und „Hersteller". Er hat dich gemacht und dafür gesorgt, dass du auf die Welt kommst. Ganz gewiss hat er mit dir etwas im Sinn.

Unabhängig von den Umständen, unter denen du geboren und aufgewachsen bist, unabhängig von deiner Vergangenheit - dein Heute und deine Zukunft sollen unter der Führung und dem wunderbaren Plan Gottes sein. Er hat einen Sinn für dein Leben.

Diesen Sinn zu finden ist ein geniales Abenteuer. Noch spannender ist dein Leben dann, wenn du diesen Sinn tatsächlich auslebst. Klar, im Laufe der nächsten Kapitel wirst du Strategien an die Hand bekommen, um diesen Sinn zu finden.

Doch gehe nicht allein in dieses Abenteuer. Dein Schöpfer kennt dich viel besser, als du selbst. Er weiß von deinen Stärken und Schwächen, deinen Sehnsüchten und Träumen. Er weiß, in welchen Bereichen des Lebens du keine Erfüllung hast und er sieht deinen Hunger nach Mehr im Leben.

Und er hat einen Plan für dein Leben. Deine Berufung ist im Grunde dieser Plan. Und diese gilt es zu ergründen. Wenn ich direkt sein darf: Es wäre gerade zu dumm, in dieser lebenswichtigen Frage den Planer, den Architekten, außen vor zu lassen. Alleine dein Auto reparieren zu wollen, anstatt den Hersteller dran zu lassen.

Deswegen: Fange an, dich mit Gott bekannt zu machen. Ich bin mir sicher, er wird sich dir zu erkennen geben. Wenn du ihn ernsthaft suchst. Er wird deinem Leben einen Sinn geben und dich in deine Berufung führen.

Aufgaben

☑ **Lese das Johannes-Evangelium,** weil du dadurch Gott, den Planer deines Lebens, kennen lernst (falls du keine Bibel zuhause hast, kannst du online lesen ([https://www.bibleserver.com/text/SLT/Johannes 1](https://www.bibleserver.com/text/SLT/Johannes)) oder per App (https://www.bible.com/de/app)):

1. Tag: Johannes, Kapitel 1-3

2. Tag: Johannes, Kapitel 4-6

3. Tag: Johannes, Kapitel 7-9

4. Tag: Johannes, Kapitel 10-12

5. Tag: Johannes, Kapitel 13-15

6. Tag: Johannes, Kapitel 16-18

7. Tag: Johannes, Kapitel 19-21

☑ **Spreche täglich mit Gott** (wenn auch nur für ein paar Minuten), ganz normal, so als ob du mit deiner Familie oder Freunden reden würdest. **Frage ihn, dass er sich dir zu erkennen gibt und dir den Sinn für dein Leben klarer macht.**

4 | Fünf Gründe, warum du lebst

Worum geht's überhaupt?

Und, wie erging es dir nach dem letzten Kapitel? Hast du deine Komfortzone erweitert und dich auf das Abenteuer eingelassen, mit Gott zu reden? Hast du das Johannes-Evangelium durchgelesen? Wenn ja, lese gerne weiter im Neuen Testament und suche weiterhin den Kontakt zu Gott.

Falls du nicht mutig genug warst, es dir zu komisch vorkommt oder du nicht wirklich an Gott glauben kannst, ist meine eindringliche Bitte an dich: Versuche es doch einmal! Es ist überhaupt nichts verkehrtes daran, dich darauf einzulassen und zu sehen, was kommen wird.

Und nun wollen wir fortfahren:

Eines müssen wir verstehen, wenn es um das Finden des Lebenssinns geht: Es geht nicht um uns. Es geht nicht um Dich oder um Mich.

Gott hat uns aus voller Absicht geschaffen, nämlich für seine Ziele! Es geht um Gott.

Nochmals der Hinweis, den ich bereits im Buch gegeben habe: Ein Kurs, Coaching, Seminar oder eben Buch zum Finden des Sinn des Lebens wäre vollkommen sinnlos und ohne Nutzen, wenn man Gott ausklammern würde. Er ist der Schöpfer und der Erfinder. Wenn es um den Sinn einer Erfindung wie etwa einem Gerät geht, kann nur der Erfinder den Sinn völlig korrekt erklären. Weder das Gerät selbst noch jemand anderes ist in der Lage, den Sinn und die Berufung 100% korrekt darzustellen.

Gott als Erfinder des Lebens überhaupt und als Schöpfer deines Lebens hat einen Sinn für dein Leben. In ihm findest du die wahre Identität, Bedeutung, Sinn, Ziel, Vision und Berufung deines Lebens. Er möchte dich für seine Ziele gebrauchen. Ganz wichtig: Du kannst ihn nicht für deine Ziele missbrauchen.

Wenn du das verstehst, erst dann kannst du ein erfülltes, erfolgreiches Leben führen und wahren Sinn finden.

Bertrand Russell, der Philosoph und außerdem auch Atheist, sagt: „Solange man nicht annimmt, dass es einen Gott gibt, bleibt die Frage nach dem Ziel des Lebens sinnlos".

Wie genau hilft Gott dir nun dabei, deine Berufung zu finden? Nun, es ist schließlich in seinem eigenen Sinne, dass du die Berufung findest. Erst dann hatte es für ihn einen wirklichen Sinn und Erfolg, dich zu erschaffen. Deine Berufung nicht zu finden und auszuleben wäre eine Art Verschwendung, wenn ich das so brutal formulieren darf.

Deswegen nochmal der Rat: Spreche mit dem Planer und lese die Betriebsanleitung, die Bibel. Gott wird dir zeigen, was er mit dir vorhat. Er wird dir nach und nach seinen Plan enthüllen und seinen Weg mit dir gehen. Baue dein Leben auf ewigen Wahrheiten, nicht auf vergänglichen Prinzipien und menschlichen Philosophien!

Im Brief an die Epheser steht: „Durch Christus haben wir Anteil bekommen am künftigen Heil. Dazu hat Gott uns von Anfang an bestimmt nach seinem Plan und Willen – er, der alle Dinge bewirkt." Epheser 1,11

Das ist die grundsätzliche Berufung eines jeden Menschen: In eine Beziehung mit Gott zu treten. Wie funktioniert das? Lass mich ein wenig ausholen.

Gott ist ein heiliger Gott, der keine Ungerechtigkeit, Falschheit und Sünde zulassen kann. Er kann keine Gemeinschaft haben mit sündigen Menschen. Das ist nämlich unser Problem: Wir sind sündig. Das bedeutet, wir alle haben und tun täglich Fehler. Wir machen Fehler, die nicht Gottes Maßstäben entsprechen. In diesem Zustand sind wir für die ewige Trennung von Gott bestimmt, die im wahrsten Sinne des Wortes in der Hölle resultiert.

Doch Gott will das ganz und gar nicht. Er sehnt sich danach, dass wir einstmals zu ihm in den Himmel kommen. Er liebt nämlich jeden Menschen - auch dich - ganz stark. Deswegen hat er seinen Sohn Jesus Christus gesandt, der stellvertretend die Strafe für die Sünden der ganzen Menschheit getragen hat. Er wurde gekreuzigt, um die Sünden zu sühnen. Doch ist er auch auferstanden am dritten Tag und ist nun wieder im Himmel, bei seinem Vater.

Was gilt es nun zu tun? Glaube, dass Jesus Christus für dich gestorben und aus den Toten auferstanden ist. Bekenne ihm dein vergangenes Leben und tue Buße dafür. Lasse dein altes Leben hinter dir. Jetzt danke ihm für die Vergebung.

Doch bleibe nicht hierbei stehen. Lade Jesus nun ein, in dein Leben zu kommen. Sage ihm, dass du ab jetzt mit ihm und für ihn leben möchtest. Und danke doch gerne noch einmal für die Errettung.

Denn so kannst du ein Kind Gottes werden und in den Himmel kommen.

Und nun mein Angebot, meine Bitte, an Dich. Es hat es in sich, doch ist es das Beste, das dir in deinem Leben passieren kann:

☑ **Entscheide dich noch heute für ein Leben mit Jesus und vertraue ihm dein ganzes Leben an, wie eben beschrieben.**

Hey, wenn du hierbei Fragen hast oder Hilfe benötigst, dann zögere nicht, mir zu schreiben: <u>mail@dennis-streichert.de</u> . Bei dieser lebenswichtigen Entscheidung brauchst du nicht alleine dazustehen.

Weißt du was? Du kannst dir im Leben vieles aussuchen: Deinen Arbeitsplatz, Wohnort und Ehepartner. Deine Freunde, deine Kleidung, dein Essen, dein Auto. Wie du deine Zeit einsetzt. All dies sind Dinge, die du bestimmen kannst und selber die Kontrolle drüber hast.

Mit dem Sinn deines Lebens ist es was anderes: Gott, der Schöpfer, hatte bereits einen Sinn mit dir, bevor du geboren wurdest. Nichts in deinem Leben geschieht willkürlich. Wo du geboren wurdest, deine Umstände, alles war ein Plan Gottes. Er macht keine Fehler, sondern sieht in allem einen Sinn. Diesen Sinn gilt es jetzt nur noch zu ergründen und dann auszuleben. So richtig entdecken wir diesen Sinn jedoch erst, wenn wir Gott zur Mitte unseres Lebens machen.

5 Gründe unseres Daseins

Vielleicht hast du dich das auch schon gefragt: Wieso gibt es überhaupt das Universum, die Sterne, unser Sonnensystem und die Erde? Warum gibt es Leben auf der Erde, Menschen, Tiere und Pflanzen? Was ist der Grund, das Ziel, des Ganzen?

Die Antwort ist zwar einfach gesagt, doch evtl. nicht ganz zu fassen. Es geht darum, die Herrlichkeit Gottes zu offenbaren. Gott hat alles erschaffen, damit sich seine Herrlichkeit offenbare. Er demonstriert seine Macht, schenkt seine Liebe, strahlt voller Glanz und verbreitet eine Atmosphäre seiner göttlichen Gegenwart.

Indem die Vögel zwitschern, die Rosen blühen und die Hasen hoppeln: In allem zeigt sich die Größe Gottes und offenbart sich seine Herrlichkeit.

Der Grund unseres Daseins auf dieser Erde ist es genauso, Gottes Herrlichkeit zu offenbaren. Dies tun wir über diese 5 Wege:

1. Wir **beten Gott an:**

   Die Verherrlichung Gottes sollte unser größtes Ziel sein. Fange an, Gott zu lieben, zu loben und zu anbeten.

2. Wir werden ihm immer **ähnlicher:**

   Den Charakter Jesu Christi anzunehmen ist die allerbeste Persönlichkeitsentwicklung für uns. Werde liebevoller, fröhlicher, friedfertiger, geduldiger, freundlicher, gütiger, glaubender, sanftmütiger und keuscher. Übe dich in Demut.

3. Wir **lieben** andere Menschen:

Deine Mitmenschen sind Geschöpfe Gottes, die der Herr unfassbar liebt. Habe auch du deine Mitmenschen lieb - deine Familie und Freunde, Nachbarn, Kollegen, unbekannte Menschen und sogar deine Gegner. Liebe sie und begegne ihnen mit einem dienenden, wertschätzenden Herzen.

4. Wir **folgen ihm nach**

Jesus nachzufolgen ist das schönste auf der Welt. Gemeinsam mit anderen ist es noch toller. Deshalb engagiere dich in einer christlichen Gemeinde. Arbeite dort aktiv mit. Wandle jeden Tag mit Gott und pflege die Beziehung zu ihm - im Gebet, Bibellesen und Gemeindebesuch.

5. Wir **bezeugen** ihn vor anderen

Fange an, deinen Mitmenschen von deinem Glück in Jesus Christus zu erzählen. Erzähle ihnen von deinem Leben *vor* dieser großen Umkehr. Erkläre, wie du Jesus in dein Leben aufgenommen hast und bezeuge dann, was sich *nach* diesem Schritt in deinem Leben alles getan hat. Und: Biete anderen Menschen an, ebenso diese großartige Entscheidung zu treffen.

Ein weiterer Grund, warum Gott das ganze Universum und uns Menschen geschaffen hat, ist seine Liebe. Er ist die Liebe in Person und hat uns geschaffen, damit er uns lieben kann! Er liebt uns und wünscht sich so sehr, dass diese Liebe erwidert wird. Dass wir auch ihn lieben. Sag: Liebst du Gott schon?

5 | Gott und Menschen lieben

Das wichtigste, was du im Leben *wissen* solltest: Gott liebt dich

Das wichtigste, was du im Leben *tun* solltest: Ihn auch lieben.

Es ist ein wunderbare Erkenntnis, dass wir von Gott geliebt sind. Er liebt jeden Menschen, weshalb er auch in seinem Sohn Jesus Christus den Weg zum Himmel erkauft hat. Sobald wir unser Leben ihm anvertrauen und uns ganz in seine Hände legen, werden wir seine Kinder. Ab dann empfindet Gott eine besondere Vater-Liebe zu uns.

Gott sehnt sich danach, dass wir ihn ebenso lieben. Er wünscht sich eine innige, freundschaftliche Beziehung zu ihm. Nun, dass ist die Lebensaufgabe Nr. 1, oder wenn man so will, Sinn des Lebens, Gott ganz zu lieben.

In der Bibel sagt er uns: „Denn ich habe Lust an der Liebe und nicht am Opfer, an der Erkenntnis Gottes und nicht am Brandopfer." Hosea 6,6

Deswegen sollten wir Gott lieben. Aus deinem ganzen Herzen und aus deiner ganzen Seele und aus deinem ganzen Verstand und aus deiner ganzen Kraft.

Die Liebe zu Gott zeigt sich in mancherlei Dingen. Zum einen, dass du die Nähe zu ihm suchst, sein Wort (die Bibel) liest und mit ihm redest (im Gebet). Du investierst deine Zeit, um mit ihm in Gemeinschaft zu treten und eine erfüllende Beziehung aufzubauen.

Du verstehst, dass du Gottes Maßstäbe für dein Leben einhalten solltest. Das heißt, du hältst dich von schlechtem Gerede fern, von Mobbing, Lästerung. Auch von Lügen und Betrug. Du schaust dir nichts Schmutziges mehr an und verstehst, dass Saufen nicht zu einem gottgefälligen Leben passt.

Statt andere Menschen zu hassen, arbeitest du daran, sie zu lieben. Großzügig gibst du mal was aus, statt zu schnorren und zu geizen. Jetzt behandelst du deine Eltern, Partner, Kollegen, Nachbaren und so weiter mit viel größerem Respekt und Wertschätzung.

So wie es im Neuen Testament heißt: „Ganz gleich ob wir nun daheim bei ihm sind oder noch auf dieser Erde leben, wir möchten in jedem Fall tun, was Gott gefällt." 2. Korinther 5,9

Du lebst zwar noch auf dieser Erde, doch du setzt alles daran, Gott zu gefallen. Nicht den Menschen. Nein, du willst ja nicht Everybodys Darling werden. Doch dein Sehnen geht ganz darauf hin, Gott zu gefallen. Das ist der Sinn deines Lebens.

Ja, wir sind zur Gemeinschaft mit Gott und anderen Christen berufen. Wir sind berufen, ihn zu lieben und andere Menschen zu lieben. Wir sind berufen, Gutes zu tun. Anderen Menschen zu dienen, ein Segen zu sein, sie zu unterstützen und Positives zu reden. Außerdem, sobald du Christ bist, ist es deine Berufung, anderen Menschen von der wunderbaren Liebe Gottes zu erzählen und ebenso zu Jesus zu führen.

☑ **Mache dir konkrete Gedanken:**

1. Bist du schon ein echter Christ? Wenn nicht, warte nicht länger und vertraue dein Leben Jesus Christus an!

2. Hast du die Entscheidung getroffen, Gott ganz zu lieben und in völlig für ihn zu leben?

3. Lese täglich in der Bibel und bete täglich. Zusätzlich besuche regelmäßig gute Gottesdienste.

4. Wie kannst du Gott heute eine Freude bereiten?

5. Wie kannst du heute einem Menschen deine Liebe in der Tat oder mit Worten zeigen?

6. Von welcher Sünde musst du noch frei werden?

Ich wünsche dir Gottes Segen beim durchgehen dieser Punkte.

6 | Gutes tun

Wie ich bereits mit dem Beispiel von dem kaputten Auto und Henry Ford als Helfer in der Not verdeutlicht habe, kannst du deine Bestimmung nicht von dir aus kennen. Denn du hast dich nicht geschaffen. Gott ist derjenige, der dich erschaffen hat. Er hat einen Sinn für dein Leben. Er macht nichts ohne Zweck und Sinn. Jedes Tier, jede Pflanze, jeder Stern hat seinen Zweck in diesem Universum. Wenn dein Herz schlägt, und du atmest, hat es einen Sinn für dein Leben. Und es zeugt davon, dass du einen Sinn für dein Leben hast.

Schau, was in der Bibel steht:

„Denn in ihm wurde alles erschaffen im Himmel und auf Erden, das Sichtbare und das Unsichtbare, Throne und Herrschaften, Mächte und Gewalten; alles ist durch ihn und auf ihn hin erschaffen." Kolosser 1,16

☑ **Deswegen: Rede mit deinem Schöpfer (Gebet) und lese seine Bedienungsanleitung (Bibel).**

Alles ist *durch* ihn geschaffen. Was sagt dieser tolle Vers noch aus? Alles ist *auf ihn hin* geschaffen. Dein Leben hat nur wahren Sinn und Erfüllung, wenn Gott der Mittelpunkt im Leben ist und du für ihn lebst. Sobald du den Fokus darauf setzt, für Gott zu leben, findest du deinen richtigen Platz auf der Welt. Du entdeckst, was deine Lebensaufgabe ist. Und so kannst du optimal etwas positives auf der Welt bewirken.

Noch einen Vers möchte ich dir mitgeben:

„Er hat uns durch Jesus Christus neu geschaffen, um Gutes zu tun. Damit erfüllen wir nun, was Gott schon im Voraus für uns vorbereitet hat." Epheser 2,10

Auch hier wird deutlich, dass du durch Gott, oder spezifischer, Jesus Christus, geschaffen wurdest. Spannend ist der Zweck unserer Existenz: „Um Gutes zu tun". Gott hat gute Werke bereits im Voraus vorbereitet und geplant. Wir dürfen nun diese Werke ausführen und Gutes tun. Das ist, was deinem Leben Sinn gibt. Das ist deine Berufung: Gutes tun.

☑ **Überlege, wie du jetzt und in den nächsten 7 Tagen im Kleinen etwas Gutes tun kannst.**

☑ **Was wäre etwas Größeres, Längerfristiges, wo du mit deinem Leben etwas Gutes auf der Welt tun kannst?**

Ich bin fest davon überzeugt, dass jeder Mensch in der Lage ist, eine Berufung auszuleben. Leider finden viele Menschen nicht ihre persönliche Berufung und leben damit nicht in ihrem vollen Potenzial.

Grundsätzlich lässt sich als Fazit zu diesem Kapitel sagen, dass wir Menschen zu guten Werken geschaffen sind . Als faszinierter Christ glaube ich daran, dass Gott für jeden Menschen gute Werke vorbereitet hat, die wir in unserem Leben ausführen sollen.

Du wurdest erschaffen für einen bestimmten Zweck. Diesen sollst du finden und ausführen. Das ist schließlich der Grund, weshalb du dieses Buch liest und durcharbeitest.

Dennis Streichert

7 | Learnings aus Moses Berufung

Sicher hast du von Mose aus der Bibel gehört. Der Israelit, der als Baby vor dem Tode bewahrt bliebt, weil eine ägyptische Prinzessin ihn adoptierte. Er ist am Hofe des Pharao aufgewachsen. Doch hat er sich hingezogen gefühlt zu seinem eigenen Volk, Israel.

Sein Leben hat später so eine Wendung erfahren, dass er für Jahrzehnte in der Wüste als Schafhirte arbeitete. Und hier, in der Wüste, hat Gott ihm seine Berufung gegeben.

Lese zunächst, wie es vonstattenging:

https://www.bibleserver.com/text/SLT/2.Mose3 (Die ersten 12 Verse)

In dieser Begebenheit sehen wir, wie Gott manchmal ganz klar beruft. Und wir können so einige Learnings daraus entnehmen. Man kann sie sogar als Voraussetzungen sehen, um in unsere Berufung zu gelangen.

Bewähre dich im Alltag

Mose war Hitze und Kälte ausgesetzt. Er musste die Herde vor wilden Tieren fernhalten, mit Nahrung und Wasser versorgen und kranke Tiere pflegen.

Ziehe dich zurück

Hier folgt wie schon zu Beginn des Buches wieder der Hinweis, dass du dir ein ruhiges Plätzchen und viel Zeit zum Finden deines Lebenssinns reservieren solltest.

Genial wäre es, für dich alleine an einen einsamen Ort zu verreisen. Wenn das nicht klappt, kannst du dich auch in ein extra Zimmer zurückziehen, indem dich keiner stört.

Mose hat als Hirte in der Wüste gearbeitet und hatte dadurch viel Zeit und Ruhe für sich selbst. In dieser Einsamkeit konnte Gott sich ihm offenbaren. In einer lauten Menschenmenge mit Trubel und Lärm wäre das eher unwahrscheinlich.

Suche dein „stilles Kämmerlein" auf und suche die Gemeinschaft mit Gott im Bibellesen und Beten. Gott will sich selbst dir offenbaren und nur bei ihm findest du den Sinn des Lebens.

Schau hin

Gott möchte dich in deine Berufung führen. Dies kann völlig unerwartet geschehen. Bei Mose war es der brennende Dornbusch, der seine Aufmerksamkeit auf sich zog. Gehe achtsam und bewusst durch den Alltag. Gott kann auf der einen Seite unscheinbar zu dir reden oder durch seltsame Dinge das Gespräch mit dir suchen. Sei offen für solche Gelegenheiten, wenn Gott zu dir reden möchte.

Lege ab

Mose hat die Schuhe ablegen müssen, die seine Füße vor dem heißen Boden und scharfkantigen Steinen schützten. Es war ein heiliger Ort, vor dem Mose sich schutzlos vor Gott stellen sollte. Er sollte nicht auf seine ägyptische Weisheit oder Reichtum vertrauen.

Gleichzeitig durfte Mose auch seine Schwächen nicht als Hindernis oder Ausrede für seine Berufung sehen. Schlage eine mögliche Berufung nicht von vornherein ab, nur weil vermeintliche Schwächen dich davon abhalten.

Es gibt einen tollen Spruch: „Gott beruft den Unbegabten, und er begabt den Berufenen". Gott ist in der Lage, dir die Fähigkeiten und Stärken zu geben, die du zum Erfüllen deiner Berufung brauchst. Oder Gott verherrlicht sich insofern, dass er das Gelingen gibt, sogar durch deine Schwächen hindurch.

Weiterhin kann Gott, wie bei Mose, jemand anderes hinzuziehen, um deine Berufung zu erfüllen. Aaron sollte der Mund Moses sein. Echtes Teamwork eben, das oft zur Verwirklichung deiner Berufung notwendig ist.

Wenn wir die Berufung von Mose betrachten, der das Volk Israel aus der Unterdrückung in Ägypten ins gelobte Land bringen sollte, dürfen wir nicht auf ein Missverständnis reinfallen: Eine Berufung bedeutet nicht immer so eine große Aufgabe, die so massiv für das Leben vieler Tausender Menschen auswirkt und von der ganzen Welt gesehen wird. Es konnte schließlich nicht jeder im Volk ein Mose sein.

Nein, Gott kann dich auch in eine unscheinbare Berufung stellen. Die fällt vor den Menschen nicht so auf. Doch es ist gerade dein Platz, in dem du deine Fähigkeiten voll zur Geltung bringen kannst, der dich erfüllt und in dem du auf die eine oder andere Weise positiven Mehrwert lieferst. Es ist der Platz, zu dem du berufen bist.

Deshalb, sei offen für alles, was Gott dir als deine Berufung offenbart.

Teil 2: Der persönliche Sinn deines Lebens

42

8 | Entscheidende Lebensereignisse

Du hast nun einen Überblick über den allgemeinen Sinn des Lebens erhalten, den Gott allen Menschen geben möchte. Darüber hinaus hat Gott auch einen individuellen Plan mit einem jeden persönlich. Wie du diesen persönlichen Sinn des Lebens herausfinden kannst, das erfährst du nun in Teil 2.

Deine persönlichen Sinn des Lebens zu finden hat viel mit Achtsamkeit zu tun. Während dieses Prozesses lernst du dich selbst näher kennen. Du lernst deine Interessen, Werte, Stärken und Schwächen, also deine Persönlichkeit, besser kennen. Dies gehört dazu, um deine Berufung zu finden. Deshalb erhältst du in diesem zweiten Teil noch viel mehr Fragen oder Aufgabenstellungen. Dies ist eine Art Selbstcoaching. Du kannst tief in dich gehen und so mehr über deine wahren Wünsche herausfinden.

Darüber hinaus möchte ich dich weiter ermutigen, diesen Prozess mit Gott zu gehen. Rede mit ihm und frage ihn auch konkret nach seinem Plan mit dir. Bitte ihn, dir den Sinn des Lebens zu öffnen.

Und jetzt geht's los!

Ich weiß nicht, wie alt du bist. Ist auch egal. Letzten Endes hast du bereits ein Stück deines Lebens hinter dir und unzählige Lebensmomente verbracht.

Dieses Kapitel beschäftigt sich mit einschneidenden Lebensereignissen. Du hast mit Sicherheit vieles Positive und natürlich auch Negative erlebt. Denke im Rahmen dieses Kapitels über dein vergangenes Leben nach. Was waren Lebensereignisse, die dich extrem beeinflusst haben, sei es positiv oder negativ?

Welche Ereignisse haben dich sehr geprägt und in eine Richtung gelenkt? Was steht dir noch klar vor Augen, worin sind starke Emotionen verankert? Woran kannst du dich noch sehr gut erinnern?

☑ **Schreibe 3 entscheidende Lebensereignisse auf + 1 Satz pro Ereignis, was dieses Ereignis dich gelehrt hat.**

Prüfe für dich: Fühlt es sich richtig und für dich wichtig an, was du aus diesen Ereignissen gelernt hast?

Dieses Learning aus deinen eigenen Lebenserfahrungen kannst du nun anderen Menschen vermitteln. Es könnte deine Berufung sein, anderen dabei zu helfen, ähnliche Ereignisse zu meistern.

Denn oft sind es die persönlichen Learnings und Erfahrungen, die du anderen Menschen weitergeben kannst. Somit hilfst du ihnen, Schmerzen zu vermeiden bzw. besser damit umzugehen. Oder du hilfst ihnen, in bestimmten Bereichen mehr Erfolg und Erfüllung zu finden.

Denke auch über die Erfolge und Niederlagen in deinem Leben nach. Was hast du erfolgreich gemeistert, lief wunderbar ab und was konntest du erreichen? Wo ist dir etwas misslungen, wo bist du gescheitert und hast etwas entscheidendes nicht geschafft?

Dann erinnere dich an die genauen Umstände zurück. An die Tätigkeiten, Menschen, wie du dich verhalten und was du gedacht hast. Versuche Muster zu erkennen. Gemeinsamkeiten, die bei allen diesen Erfolgen bzw. Niederlagen auftraten.

☑ **Welche gemeinsamen Muster erkennst du in den Umständen, deinen Tätigkeiten, deinem Verhalten etc. bei all deinen Erfolgen oder Niederlagen?**

Wenn du erkennst, was die Ursache (deine Handlungen, deine Worte, die Menschen, Begebenheiten) für deinen Erfolg oder für deinen Misserfolg war, erkennst du was dir liegt und was nicht. Das kannst du schon mal als Vorbereitung auf das nächste Kapitel sehen.

Alte Wunden

Denke im Zusammenhang mit entscheidenden Lebensereignissen besonders auch an alte Wunden. Wo hattest du sehr schmerzliche, leidvolle Erfahrungen gesammelt. Was hat dir großen Kummer bereitet und was tat ungemein weh? Rückblickend hast du diese Ereignisse oder Phasen irgendwie verarbeitet, oder? Wenn du noch drin steckst, wünsche ich dir viel Kraft, diese zu überwinden. Dann möchte ich dich auf meinen Blog-Artikel hinweisen: Seelischer Schmerz: 5 Tipps, wie du Kummer & Leid überwindest (https://dennis-streichert.de/seelischer-schmerz/).

Doch wenn die Wunden verheilt und du wieder happy bist, kann es Teil deiner Berufung sein, anderen bei denselben Wunden zu helfen. Deswegen: Wenn die Erinnerungen dich nicht wieder zurückwerfen in ein Loch, dann denke doch über deine damalige Überwindungsstrategie dieser schweren Lage nach.

Genau diese Strategie kannst du nun anderen Menschen vermitteln, die in derselben Lage stecken.

☑ **Was waren deine schwersten Erfahrungen, Verletzungen, Leiden, die du erlebt hast?**

Gott ist derjenige, der Verletzungen zulässt. Oft zu unserem Unverständnis. Doch der souveräne Gott möchte uns nicht schaden oder etwas Böses. Nein, sondern durch unsere schmerzliche Erfahrung können wir andere Menschen in einer ähnlichen Situation behilflich sein, Verständnis und Mitgefühl erweisen.

Es kann sogar die schrecklichste Erfahrung sein, die dich in deine Berufung führt. Das Erlebnis, dass du am liebsten vergessen und verstecken möchtest und hoffst, dass nie jemand davon erfährt. Etwas, was dich unvorstellbar verletzt hat oder du am stärksten bereust. Gerade hierin kann deine Berufung liegen: Anderen Menschen bei der Überwindung einer ähnliche Lage zu helfen.

☑ **Mittels welcher Strategien hast du diese alten Wunden überwunden?**

Flugzeugabsturz

Noch ein anderer Gedankenanstoß:

Stell dir vor, du bist im Flugzeug unterwegs. Du fliegst gemütlich vor dir hin, in der Vorfreude, wieder nach Hause zu kommen. Du hast genügend Energie im Urlaub getankt und freust dich, wieder deine Lieben zu sehen.

Normalerweise kannst du im Flieger nicht so schnell einschlafen. Doch jetzt fallen deine Augen geradewegs zu.

Plötzlich spürst du harte Stöße. Das gesamte Flugzeug fängt an zu wackeln. Gegenstände fliegen umher. Aus den Augenwinkeln siehst du das Kabinenpersonal umhereilen. Nicht, dass sie entspannt wirken würden. Zwar versuchen sie, die Passagiere zu beruhigen. Doch in ihren Gesichtern erkennst du panische Angst.

Du spürst einen starken Druck in den Ohren. Das Flugzeug befindet sich im Sinkflug.

Nach gefühlt viel zu langer Zeit meldet sich der Pilot: „Meine sehr verehrten Damen und Herren. Wir haben einen Ausfall der Turbinen erlitten und können nicht sagen, ob wir diese rechtzeitig wieder starten können. Wir geben unser Bestes, um unser aller Leben zu retten. Die gesamte Crew bereitet sich auf ein Rettungsmanöver vor, das wir auf einem nahe gelegenen Landeplatz durchführen möchten. Bitte bewahren Sie Ruhe. Es ist noch nichts verloren.“

In dir macht sich große Furcht breit. Innerhalb von Sekunden flitzen Gedanken durch deinen Kopf. Fetzen aus der Vergangenheit. Doch dann denkst du an die Zukunft. Dir wird klar, was du alles noch machen wolltest und nicht getan hast. Du ziehst deinen Notizblock heraus und beginnst zu schreiben. Diese blitzartigen Gedanken notierst du, welche dir offenbaren, was du wirklich im Leben gemacht haben willst. Was du jetzt in dem Moment der Todesfurcht bereust, nicht getan zu haben. Solltest du diesen schrecklichen Flug überleben, wirst du alles daran legen, deine niedergeschriebenen Gedanken zu verwirklichen.

☑ **Schreibe nieder, was du im Falle eines ungewissen Flugabsturzes in das Notizbuch schreiben würdest über Handlungen, die du unbedingt noch verwirklichen möchtest.**

Wie du siehst, hat der Prozess, deinen persönlichen Sinn des Lebens zu finden, es in sich. In diesem Buch erhältst du Anregungen und Fragestellungen, die dir bei deiner Suche helfen. Du solltest dir genügend Zeit und Ruhe dafür nehmen.

Es können mehrere tiefgehende Fragen in einem Kapitel auftauchen, die viel Zeit zum Nachdenken erfordern. Du kannst dir gerne zunächst eine Frage vornehmen und am nächsten Tag die zweite, usw.

Vor allen Dingen, bleibe dran. Wenn dir eine Frage überhaupt nicht gefällt, dann lasse sie aus. Zwinge dich zu nichts, doch lasse dich auf das Abenteuer ein und verlasse deine Komfortzone. Dich erwartet ein erfülltes Leben in deiner Berufung.

Dennis Streichert

9 | Stärken und Schwächen

Die Stärken anderer Menschen…

Gibt es Menschen, die du gegenwärtig bewunderst und begeistert bist von ihnen? Etwa einen Speaker für seine rhetorischen Fähigkeiten? Die Mutter für ihre einfühlsame Weise, ihr Kind zu beruhigen? Einen Lehrer, der so gut Dinge erklären kann? Der Automechaniker, der jedes Auto zum Fahren bringt? Der Postbote, der bei Wind und Wetter noch scherzt und lacht?

Auch wenn Sprechen, Empathie, Didaktik, Handwerk oder Humor bisher nicht deine Stärken sein sollten, kann es sein, dass dies deine Berufung ist. Ausbauen kannst du die Fähigkeiten nämlich immer noch. Natürlich habe ich hier nur drei Beispiele aufgeführt. Es kann alles Mögliche sein.

Ohne andere Menschen zu beneiden, solltest du dir mal über dein Umfeld Gedanken machen. Jeder hat seine Stärken, Fähigkeiten und Talente, worin er besonders gut ist.

☑ **Welche Fähigkeiten anderer Menschen bewunderst du sehr?**

Bei dieser Frage möchte ich darauf hinweisen, dass jeder Mensch seine eigene Bestimmung hat. Du solltest nicht versuchen, andere Menschen zu klonen und ihr Leben zu leben. Doch können sie ein Vorbild und Anregung für dich sein, solche Stärken in dir auszubauen.

…und deine Schwächen und Stärken

Was hast du drauf?

Der Schöpfer hat dir Talente, mindestens eines, mit in die Wiege gelegt. Was ist dieses Talent, womit du anderen Menschen dienen und weiterhelfen kannst? Gott verlangt nicht von dir, intensiv auf den Gebieten zu arbeiten, wo du kein Talent hast. Doch darin, wo deine Talente liegen, musst du sie einsetzen und wirken.

Auch haben sich mit Sicherheit im Laufe deines Lebens fachliche und charakterliche Stärken entwickelt. Diese kannst du nun ebenso einsetzen, als Teil deiner Berufung.

☑ Finde deine Talente und Stärken heraus, die einen Mehrwert in deiner Umgebung bringen

Diese Aufgabe ist natürlich ein Brocken. Schaue dir doch diesen Online-Test an, der dir beim Finden deiner Stärken weiterhelfen könnte:

https://www.16personalities.com/de

Lass uns etwas konkreter die Frage nach deinen Stärken beleuchten. Was geht dir ziemlich einfach von der Hand, ohne das zu dich anstrengen oder viel Motivation für aufbringen musst? In welchen Bereichen fällt dein Name, wenn es heißt: „Frag doch mal >*dein Name*<, der kennt sich damit aus und kann dir weiterhelfen"?

☑ Worin bist du in deiner Umgebung als DER Experte anerkannt?

Da gibt es noch eine spannende Methode, die Meinung anderer Menschen über dich und somit deine Stärken herauszufinden.

☑ Frage einen echten Freund: „Warum sind wir Freunde?" Wenn er dich komisch anguckt, sage ihm/ihr, dass du es ernst meinst.

Frage deinen Freund: „Welche Eigenschaften an mir sind es, die uns zu so guten Freunden machen?". Frage intensiv, bohre nach. Je tiefer du bohrst, nachhakst, desto mehr kommen die wirklichen Gründe zu

Vorschein. Deine Charaktereigenschaften, Werte, Interessen. Sobald du Gänsehaut verspürst, emotional berührt bist, hast du einen weiteren, deutlichen Anhaltspunkt für deinen Sinn des Lebens.

Klar hat jeder Mensch auch Schwächen. Aus unseren Schwächen können wir extreme Stärken entwickeln. Es geht nicht darum, alle deine Schwächen auszumerzen und dann mittelmäßiger Durchschnitt zu werden. Sondern darum, die Gegenpole deiner Schwächen, welches nun mal Stärken sind, zu manifestieren und auszubauen.

Okay, das klingt kompliziert. Bei der nachfolgenden Aufgabe geht es darum, dir zunächst mal deiner Schwächen bewusst zu werden. Identifiziere deine Schwachstellen heraus. Dann überlege dir das Gegenteil dieser Schwäche. Das Gegenteil von Ungeduld ist Geduld, von Geiz wäre es Freigiebigkeit. Es gibt eine Vielzahl solcher Gegenpole.

Diese Stärke kannst du nun etablieren und daran arbeiten.

Was hat das Ganze mit dem Finden deiner Berufung zu tun?

Die Gegenpole deiner Schwächen zu finden und in deinem Leben zum Ausdruck zu bringen, kann tatsächlich deine Berufung sein! Vielleicht bist du dazu bestimmt, Liebe in die Welt hinaus zu bringen? Oder Frieden?

Oder Freude?

Also, diese positiven Eigenschaften können Teil deiner Berufung sein, die du ausleben sollst.

☑ Finde deine Schwächen heraus und die gegenteiligen Stärken dazu

Jedes Mal, wenn du mit deinen gottgegebenen Talenten, Stärken und Fähigkeiten jemand anderem dienst, erfüllst du bereits deine Berufung. Gott verschwendet nämlich keine deiner Fähigkeiten. Er hat sie dir gegeben, damit du sie als deine Berufung einsetzt für seine Ziele, zu seiner Verherrlichung und zum Segen für andere Menschen.

☑ Nehme dir doch mal die 5-10 wichtigsten von den ermittelten Stärken und Schwächen hervor. Und beantworte dir folgende Fragen dazu:

1. Eine Situation, in der diese Stärke bzw. Schwäche eine große Auswirkung in meinem Leben oder das anderer Menschen hatte

2. Was könntest du in der Situation anders machen, um noch mehr aus der Stärke herauszuholen bzw. die negative Auswirkung der Schwäche zu reduzieren?

3. Wie kannst du zukünftig weitere Situationen zustande bringen, in denen deine Stärken zur Geltung kommen bzw. zukünftig Situationen vermeiden, in denen deine Schwächen sich zeigen?

56

10 | Was bringt dein Herz zum Hüpfen?

Tiefgründige Interessen in dir

Was interessiert dich im Leben wirklich? Nicht ein flüchtiges Interesse, das schnell wieder verfliegt und nur an der Oberfläche kratzt. Sondern das, was dir Energie gibt, deine Augen zum Leuchten bringt, was dich tiefgehend bewegt und dein Herz höher schlagen lässt. Das hat weniger mit deinem Verstand zu tun als mit deinem Herzen.

Es gibt so viele Interessensgebiete, wo jeder seine Vorzüge für hat. Beispiele dafür sind Technologie, Medizin, Erziehung, Psychologie, Ernährung, Astronomie,

Landwirtschaft, Architektur, Sport, Handwerk, Musik, Literatur, Kunst, Business. Um nur einige zu nennen.

Löse dich von den Grenzen oder selbstaufgesetzten Einschränkungen. Erlaube dir mal, dich den entferntesten Gebieten zu nähern. Habe den Mut, dich dem Ungewohnten zu stellen.

Wichtig ist, dich nicht ablenken zu lassen vom Alltag, Fernsehen oder dem Trubel um dich her. Nehme dir auch hier die Zeit und die Ruhe. In Form eines Spaziergangs oder sogar einem Urlaub. Wenn es nötig ist, kommt sogar ein Sabbatical in Frage.

☑ **Was interessiert dich aus dem Grunde deines Herzens?**

Arbeit ist nicht immer etwas negatives. Es gibt Arbeit, die dir regelrecht Freude bereitet und dich fasziniert und glücklich macht. Gott möchte, dass wir uns allezeit freuen. Genauso auch bei der Arbeit. Deswegen könnte gerade in den Tätigkeiten und der Arbeit deine Berufung liegen, die dir immens große Freude bereitet.

☑ **Welche Arbeit / Tätigkeiten bringen dein Herz zum Hüpfen, wenn du nur daran denkst?**

Wenn du deine wirkliche Berufung auslebst, dann verliert das Geld an Wichtigkeit. Denn du verlierst dich so sehr in dieser erfüllenden Beschäftigung, bist darin glücklich und so dankbar, dass du die Freude an materiellen Dingen verlierst.

Setze dich einmal aufrichtig damit auseinander. Wenn dich niemand bezahlen würde für die Tätigkeit, wärst du trotzdem bereit, sie auszuüben?

☑ **Was würdest du sogar ohne Bezahlung machen?**

Denken wir das noch weiter: Wenn Geld kein limitierender Faktor wäre, wenn du wüsstest, dass du stets genügend Geld für alles da hast, um deine größten Träume, Wünsche und Ziele zu verwirklichen. Wenn du allen gewünschten Luxus bereits besitzt (sofern du sowas wünschst) wie ein großes Haus am See, mehrere teure Autos, eine Yacht, Privatjet, eine tolle Familie und brauchst dich nie mehr um Essenspreise oder ähnliches zu sorgen. Du hättest nun alle Zeit der Welt.

Du könntest nun sinnstiftende, erfüllende Dinge tun. Denn Fernsehen und Zocken macht nicht lange Spaß. Stell dir vor, du hast das Geld für Projekte. Und du könntest dir außerdem absolut sicher sein, dass es funktionieren, Erfolg haben wird und nicht scheitert. Was wäre das?

☑ **Was würdest du tun mit deiner vielen freien Zeit, wenn Geld keine Rolle spielen würde und es zu 100% funktionieren würde?**

Ein ähnliches Gedankenspiel ist folgendes: Stell dir vor, für deinen Lebensunterhalt wäre gesorgt, du hättest Essen, Kleidung, ein Auto, Handy, etc. Was man eben zum Leben braucht. Du müsstest nicht mehr arbeiten. Eine Einschränkung hast du dennoch: Du musst morgens das Haus verlassen und erst abends darfst du wieder heimkommen.

☑ **Wie, wo, und mit wem würdest du deine Zeit verbringen?**

Und noch eine weitere Einschränkung bzw. Gedankenspiel: Du könntest sein, wo immer du willst, gerne auch zuhause. Doch du wärst nur noch der einzige Mensch auf der Erde. Was würde dir soviel Freude bereiten, Spaß machen, dass du dabei keinen anderen Menschen bräuchtest. Vielleicht ist es Lesen, Schreiben, Musik machen, backen, Sport treiben, Malen, etwas Erfinden, Auto fahren :-)

☑ **Was würdest du als einziger Mensch auf der Erde tun?**

Stell dir vor, du hättest sehr viel Macht auf der Welt. Wärst der Präsident der Vereinigten Staaten, ein führender Wissenschaftlier á la Albert Einstein und der reichste Mensch auf dem Planeten in einem. Du könntest ohne zu überlegen viele Dinge auf dieser Welt umgestalten.

☑ Welche eine Sache auf der Welt würdest du ändern?

Wenn dir immer noch nichts auf Anhieb einfällt, was du tun könntest oder würdest: Du kannst auch einfach mal Dinge ausprobieren. Wofür hast du dich schon immer interessiert, bisher jedoch keine realistische Möglichkeit dazu gesehen? Also, besuche doch mal einen Abendkurs, treffe dich mit anderen Leuten in einem Meetup zu dem Thema oder arbeite einen Online-Kurs durch. Wenn es möglich ist, kannst du eine Art Praktikum für ein paar Tage oder Wochen machen.

☑ Probiere neue Dinge aus, die dich interessieren

Was deine Aufmerksamkeit auf sich zieht..

Täglich sind wir Millionen von Eindrücken ausgesetzt. Damit wir nicht überfordert sind, selektiert unser Gehirn den allergrößten Teil davon aus. Dies geschieht für uns unbewusst. Nur die vermeintlich wichtigen Informationen gelangen in unser Bewusstsein.

So können drei Menschen gemeinsam eine Straße entlanggehen. Der einen Person fällt die Landschaft auf, die Strukturen und die Architektur. Der anderen Person fallen die vorbeiziehenden Menschen auf, ihre Gespräche und ihr Umgang miteinander. Und der dritten Person fallen die vorfahrenden Autos auf, die Marken, ihre

Motorisierung und der Klang.

Wenn du dir bewusst wirst, was in deiner Umgebung die Aufmerksamkeit auf sich zieht, ist das ein Hinweis auf deine wahren Interessen.

☑ **Welche Dinge in der Umgebung ziehen deine Aufmerksamkeit auf sich und beschäftigen dich?**

Eine Spezialisierung davon sind Bücher. Wenn du in eine Bibliothek oder eine Buchhandlung gehst:

☑ **Zu welcher Art und welchem Thema von Büchern fühlst du dich angezogen?**

Denke mal über deine Wünsche nach. Dies können deine materiellen Wünsche sein, wie ein Haus am See, ein tolles Auto, ganz viel Geld oder auch so etwas wie schicke Kleidung. Oder auch immaterielle Wünsche wie eine hohe Position auf der Arbeit. Überlege mal, was du dir so wünscht. Und jetzt hinterfrage es. Warum wünscht du dir das? Was soll es bewirken?

Wenn du dir bspw. wünscht, Millionär zu werden: „Warum wünscht du dir, Millionär zu werden?" „Um frei und unabhängig zu sein", wirst du vielleicht antworten.
„Warum willst du denn frei und unabhängig werden? Was bewirkt das?"

Jetzt kannst du antworten: „Ich will viel reisen, ich will

tun können, was ich will. Ich möchte auch gerne den Menschen helfen, ein erfülltes, erfolgreiches Leben zu führen. Das sind meine Gründe dahinter."

Nun graben wir weiter, zu den einzelnen Punkten. Zum Beispiel: „Warum möchtest du anderen Menschen dabei helfen, ein erfülltes Leben zu führen?" „So kann ich den Menschen Hoffnung geben und aus der Desillusion, Traurigkeit, herausholen".

„Und was soll dir das geben?".

„Dann habe ich das Gefühl, etwas aus meinem Leben gemacht und es sinnvoll verwendet zu haben".

Wie du siehst, steckt hinter dem Wunsch, Millionär zu werden, eine Menge tieferer Beweggründe. Je tiefer man gräbt, desto näher kommst du der Essenz des Ganzen. Du verstehst, was die wahren, verborgenen Wünsche hinter dem zunächst oberflächlichen Wunsch ist.

☑ **Stelle dir die Frage zu deinen Wünschen und Zielen: „Warum will ich das / Was soll das bewirken"?**

Wenn du tiefer und tiefer gegraben hast, kommst du von den Zielen näher zu deiner großen Vision. Denn das, was du mit dem Wunsch oder dem Ziel in Wirklichkeit erreichen möchtest, ist die Vision. Wenn du wirklich so tief gräbst, kannst du klarer erkennen, was deine Berufung ist.

Ein Vorteil ist, dass du nun den Spieß umdrehen kannst. Du hast nun einen Einblick deiner tiefen Beweggründe und kannst dich fragen: Muss ich dieses Ziel tatsächlich erreichen oder kann ich meine Vision auch anders erfüllen. Womöglich musst du gar nicht Millionär werden, sondern du kannst auch auf anderen, kürzeren Wegen, deine Vision ausleben.

Deine Kindheit

Unsere Kindheit ist oftmals sehr prägsam und kann auch Hinweise liefern zu unseren größten Interessen und wahren Wünschen oder Zielen.

☑ **Was hast du als Kind so gerne getan, dass du Raum und Zeit vergessen hast?**

☑ **Was waren deine Lieblingsspielzeuge?**

☑ **Gibt es auch heute noch Aktivitäten, bei denen du sogar das Essen vergisst?**

Lass uns weiter bei deiner Kindheit bleiben. Gerade als Kind ist man noch unvoreingenommen, was die Träume angeht. Erst wenn man älter wird, kommt die einschränkende Logik und das Umfeld gibt noch ihren Senf dazu.

☑ **Hattest du einen Traum oder wolltest du etwas werden?**

Was ist aus diesem Traum geworden? Was ist der Grund dafür, ob etwas daraus wurde oder eben nicht?

☑ **Welche Menschen hast du bewundert und warum?**

Boa, sind das viele Fragen in diesem Kapitel. Bitte, fühle dich nicht überfordert. Nehme dir Zeit. Lasse dich nicht stressen. Den Sinn deines Lebens zu finden ist oftmals eben ein Prozess mit viel Erforschung deiner Selbst. Und natürlich, wie schon erklärt, den ständigen Kontakt zu Gott. Frage ihn nach wie vor, was er vorhat mit dir und deinem Leben.

11 | Was stimmt dich Traurig?

Wie war es für dich, die Fragen aus dem letzten Kapitel zu bearbeiten? Hast du alle betrachtet oder was es dir doch zu viel? In diesem Kapitel gibt es nicht viele Fragen. Deswegen kannst du gerne noch mehr Zeit nutzen, um die Fragen des letzten Kapitels zu vervollständigen.

Jetzt möchte ich deinen Fokus auf etwas Trauriges lenken. Genauer gesagt, darauf, was dich traurig macht.

Damit meine ich nicht, wenn deine Freunde dich enttäuschen oder jemand aus deinem Umfeld eine Tragödie erlebt hat.

Was ich meine, sind die Sachen, die dich zutiefst aufwühlen. Dinge, dich dich betroffen machen und womöglich auch erzürnen.

Vielleicht bist du traurig darüber, wenn du das Leid der Menschen im Fernsehen siehst durch Krieg im Land. Oder Hunger und die Krankheit in armen Gebieten. Kinder, die aufgrund fehlender Bildung kaum Chancen haben, ein besseres Leben zu führen.

Oder aussterbende Tierarten und zugrunde gehende Pflanzen durch grausames Fehlverhalten von Menschen. Naturkatastrophen, gegen die man evtl. was unternehmen könnte.

Menschen in Deutschland, die durch Unglücksfälle auf der Straße landen. Schlüsselkinder, die eine schmerzhafte Kindheit erleben. Senioren, die weltverlassen ein einsames Dasein fristen.

Mädchen, die sich von selbstsüchtigen Womanizern belügen lassen und gebrochenen Herzens in Depressionen oder Essstörungen verfallen. Schüler, die aufgrund von Andersartigkeiten in der Schule gemobbt werden.

Drogensüchtige und Alkoholiker, die hineingeraten sind in diesen miesen Sumpf und kaum mehr raus können. Die immer auf den nächsten Trip aus sind.

Ich will dich jetzt nicht emotional runterziehen. Denn ich schaue selbst auch keine Nachrichten, denn dort erscheint soviel Negatives, das mich unbewusst herunterzieht.

Mit diesem Kapitel will ich dich dennoch dazu einladen, dich selbst mit dich emotional bewegenden oder belastenden Realitäten zu konfrontieren.

Wenn du dieses Buch durcharbeitest, suchst du doch nach Mehr im Leben. Ich gehe davon aus, dass du nicht jemand bist, der einfach ein konsumorientiertes Leben führt und seine Zeit mit Feiern, Party und Trinken verbringt.

Natürlich soll auch der Spaß, die Leichtigkeit und Freude nicht fehlen. Doch bitte sei niemand, der die Augen vor dem Elend der Welt verschließt und einfach in seiner Konsumblase verweilt.

Der Hiob aus der Bibel spricht über sich selbst: „Habe ich nicht geweint über den, der böse Zeiten hatte, und war meine Seele nicht über den Armen bekümmert?"

Was bekümmert dich? Ja, wenn du emotional veranlagt bist: Welches Elend bringt dich zum Weinen? Was stimmt dich traurig und worüber bist du aufgebracht, wenn du darüber hörst?

Was wühlt dein Herz auf? Hey, das ist ein starker Hinweis auf deine Berufung. Gott begabt dich dazu, das anzupacken und zu verändern, was dich betroffen macht.

Plane dir jetzt für die nächsten 7 Tage bewusste Zeiten ein, um darüber nachzudenken:

☑ Was stimmt dich traurig und wühlt dein Herz auf?

In dem Zusammenhang möchte ich eines meiner Lieblingsstellen aus der Bibel zitieren. Hier spricht einer seiner Freunde über den eben erwähnten Hiob:

„Siehe, du hast viele unterwiesen und hast müde Hände gestärkt. Deine Worte haben den Strauchelnden aufgerichtet, und wankende Knie hast du gekräftigt." Hiob 4, Verse 3-4

Nun wollen wir wegschauen von dem, was dich traurig macht auf dieser Welt auf das hin, was du nicht magst. Dinge, die du womöglich hasst. Tätigkeiten, die dich frustrieren und sehr ungern tust.

Überlege dir mal, was du überhaupt nicht leiden kannst. Welche Aufgaben auf der Arbeit oder Zuhause. Welche Umstände. Dann kannst du diese „Hass-Liste" ins Gegenteil kehren:

☑ Überlege dir zu jedem Punkt das positive Gegenteil von dem, was du nicht magst.

Beispiele:
Ich mag keine langweiligen Routinearbeiten → Ich mag stets Abwechslung und neue Herausforderungen auf der Arbeit.

Ich mag kein Regenwetter → Ich mag Sonnenschein und Wärme.

Ich mag keine Buchhaltertätigkeiten, am Rechner mit Zahlen jonglieren → Ich mag kreative Tätigkeiten und den Austausch mit Menschen.

12 | Rückschau auf dein Leben

Verzeihe mir bitte, wenn ich auch in diesem Kapitel traurige Emotionen in dir wecke. Der Prozess, deinen Sinn des Lebens zu finden, ist sehr emotional und kann dich auch mit schweren Gefühlen konfrontieren.

Die Beerdigung

Kannst du dich an eine Beerdigung erinnern, an der du teilgenommen hast? Was haben die Redner über den Verstorbenen erzählt? Welche Erlebnisse haben sie erwähnt und Charakterzüge des Menschen? Was ist dir selbst in den Sinn gekommen, als du über die Person nachgedacht hast? Was kommt dir jetzt gerade noch in den Sinn, woran du dich erinnerst?

Lass uns jetzt gedanklich auf eine andere Beerdigung wandern. Viele deiner Verwandten, Freunde, Familie und Nachbarn kommen dorthin. Auch Kollegen finden den Weg und sogar Leute aus deinem Verein siehst du dort. Du gehst ebenso zu dieser Beerdigung.

Es ist noch Zeit da zur Beschauung. Du gehst nach vorne und schaust in den Sarg. Auf deinem Gesicht macht sich ein Zaudern bemerkbar. Du wirst blass. Denn die Person im Sarg bist *du*!

Als du weitergehst, siehst du ein Heftchen mit dem Programm der Beerdigung. Neugierig blickst du hinein und siehst die Rednernamen stehen.

Es ist Menschen aus deinem engsten Umfeld. Sie haben viel Zeit mit dir verbracht und kennen dich gut. Deshalb haben sie auch die Ehre, auf deiner Beerdigung zu sprechen. Die erste Person ist dein Ehemann bzw. Ehefrau. Als zweites spricht ein guter Freund. Der dritte Redner ist ein Kollege, mit dem du jahrelang gemeinsam gearbeitet hast. Und als viertes darf ein Mitglied aus dem Verein sprechen, in dem du aktiv warst.

Spannend ist jetzt zu hören, was diese Menschen über dich zu sagen haben. Was sollen sie über dich als Person reden, über deinen Charakter? Was sprechen sie über dein Leben und deine verbrachte Zeit?

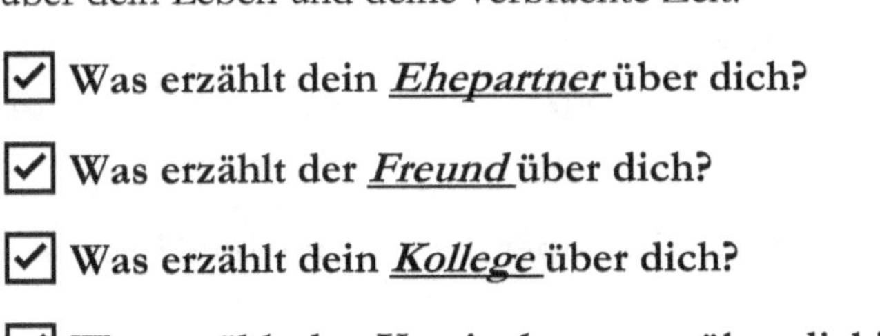

☑ **Was erzählt dein *Ehepartner* über dich?**

☑ **Was erzählt der *Freund* über dich?**

☑ **Was erzählt dein *Kollege* über dich?**

☑ **Was erzählt der *Vereinskumpane* über dich?**

Okay, es mag sein, dass auf Trauerfeiern die Dinge schön geredet werden. Man möchte ja nicht schlecht über den Verstorbenen sprechen, sondern nur die guten Seiten hervorheben. Doch was geschieht hinter den Kulissen? Wie denken die Menschen insgeheim über den Verstorbenen? Oder wie sprechen sie im vertrauten Kreise über ihn bzw. sie?

☑ **Woran denken die Menschen insgeheim als erstes, wenn sie über dich nach deinem Tode nachdenken? Worüber unterhalten sie sich im vertrauen Kreise, wenn sie nach deinem Tod über dich reden?**

☑ **Welcher eine Satz steht auf deinem Grabstein?**

Es geht bei dieser Übung nicht darum, dich für die Meinung anderer Menschen zu sensibilisieren. Ich möchte nicht, dass du abhängig wirst von dem, was andere über dich denken. Doch kann diese Übung dir dabei helfen, dir deines Sinn des Lebens klar zu werden.

Ja,bei alledem: Am Ende des Lebens ist die Meinung der Menschen nicht so wichtig. Viel wichtiger ist, was die Meinung Gottes über dein Leben ist. Deswegen:

☑ **Was denkt Gott über dein verbrachtes Leben?**

Du mit 90

Als letztes wollen wir den Blick weg von den anderen Menschen hin zu dir wenden.

Stell dir vor, du sitzt mit 90 Jahren auf deinem Schaukelstuhl uns siehst auf dein Leben zurück. Da möchtest du doch dankbar, zufrieden und erfüllt auf dein Leben zurückschauen. In der Gewissheit, dass du dein Leben voll und ganz genutzt und nicht verplempert hast.

Menschen kurz vorm Tode bereuen weniger die Dinge, die sie getan haben, als die Dinge, die sie nicht getan haben. Hältst du zu lange an einem schlechten Job fest? Würdest du gerne noch die Welt bereisen? Hast du Dinge noch nicht zu Ende gebracht? Hast du viel zu wenig Liebe deinen engsten Mitmenschen gezeigt? Klammerst du dich zu sehr an das, was andere (vermeintlich) über dich denken?

☑ **Woran möchtest du dich erinnern, wenn du im hohen Alter auf dein Leben zurückblickst?**

Einen weiteren Gedanken möchte ich dir noch mitgeben, der dich zum Nachdenken anregen soll.

Stelle dir vor, du hättest nur noch eine Woche zu leben. Welche Dinge würdest du unterlassen? Streits mit deinen Liebsten, schlechte Angewohnheiten und kleine und große Laster.

Im Gegensatz, welche Dinge würdest du unbedingt noch tun, die du die ganze Zeit vor dir hinschiebst? Klärende Gespräche zum Beispiel. Was liegt dir auf dem Herzen, was du unbedingt noch erledigen willst? Was würdest du bereuen, nicht getan zu haben?

☑ **Welche Dinge würdest du unterlassen und welche unbedingt noch tun, wenn du bloß eine Woche zu leben hättest?**

Das Spiel des Lebens

Stelle dir dein Leben einmal als ein Spiel vor. Du gewinnst das Spiel, wenn du 5 große Ziele erreicht hast. Anders ausgedrückt, dein Leben war dann ein Erfolg, wenn du diese 5 Ziele erreicht hast. Das sollten wirklich große Ziele sein.

☑ **Welche 5 großen Ziele machen dein Leben zu einem Erfolg?**

Dennis Streichert

78

13 | 43 Ideen für deine Berufung

Hast du immer noch Schwierigkeiten, deinen persönlichen Sinn des Lebens zu finden?

Im Folgenden habe ich eine lange Reihe an Ideen, die dir beim Finden deiner Berufung weiterhelfen können.

Diese Liste stellt Vorschläge dar, die du gerne für dich und dein Leben übernehmen kannst.

Es sind natürlich nur Beispiele, die dir eine Anregung bieten. Vielleicht fällt es dir wie Schuppen von den Augen, und du findest dein „Ding".

1. Eine zusammenhaltende, funktionierende, liebevolle Familie gründen

2. Zerrüttete Ehen und Familien „reparieren"

3. Verletzte und verwundete Seelen heilen

4. Einsamen Menschen zu Gesellschaft verhelfen

5. Krankheiten bekämpfen

6. Menschen mit Behinderungen in die Gesellschaft integrieren

7. Hunger bekämpfen

8. Sauberes Trinkwasser ermöglichen

9. Bildung für Kinder

10. Bildung für Erwachsene

11. Armen Menschen Hilfe zu Selbsthilfe bieten

12. Auf die schiefe Bahn geratene Jugendliche unterstützen

13. Alkohol- und Drogenabhängige zur Befreiung der Sucht verhelfen

14. Obdachlosen eine Unterkunft verschaffen

15. Arbeitslosen zu einer beruflichen Perspektive verhelfen

16. Korruption bekämpfen

17. Prostitution bekämpfen

18. Unterdrückung von Frauen bekämpfen

19. Sklaverei bekämpfen

20. Kriege bekämpfen

21. Opfer von Katastrophen physisch und psychisch unterstützen

22. Verfolgungen aufgrund von Religion, Politik, Sexualität etc. bekämpfen

23. Für den Tierschutz einsetzen

24. Für den Schutz von Pflanzen und Artenvielfalt einsetzen

25. Gegen die Verschmutzung der Umwelt einsetzen

26. Gegen die globale Erderwärmung und Klimaschäden vorgehen

27. Für politische Freiheit der Bevölkerung kämpfen

28. Innovative Technologien entwickeln, welche die Menschheit voranbringen

29. Existierende Innovationen vermarkten und unterstützen

30. Andere Menschen in der Persönlichkeitsentwicklung voranbringen

31. Hass, Egoismus und Streit verwandeln in Liebe, Großzügigkeiten und Frieden

32. Kultur verstärken durch z.B. Musik, Malerei, Schauspiel

33. Für objektiven Journalismus und Meinungsfreiheit kämpfen

34. Menschen zu einer Beziehung zu Jesus verhelfen

35. Teilen des Wissens auf der Welt mit jetzigen und zukünftigen Generationen

36. Kulturelle und naturelle Erbgüter schützen

37. Für sorgsamen Umgang mit vergänglichen Ressourcen eintreten

38. Finanzielle, unternehmerische Weiterbildung in der breiten Bevölkerung

39. Sport und Fitness fördern für mehr Gesundheit

40. Menschen zu ihrer Berufung im Leben verhelfen

41. Menschen zu höheren Lebensqualität und -standard verhelfen (Kleidung, Auto, Unterkunft)

42. Für respektvollen Umgang miteinander, gegenüber Älteren und Vorstehenden eintreten & Mobbing bekämpfen

43. Für mehr Freude, Lockerheit, Humor und Lachen in der Gesellschaft sorgen

Du hast nun eine lange Liste an Ideen für einen persönlichen Sinn des Lebens durchgelesen. Für die nächsten Tage empfehle ich dir, diese Liste wieder und wieder durchzugehen. Denke bei den einzelnen Punkten nach, ob es für dich infrage kommt. Springt der Funke über?

Wichtig ist, dass du mit deinem ganzen Herzen für deine Berufung brennst. Deswegen sind die Punkte auf dieser Liste nur Vorschläge. Auch kannst du diese soweit anpassen, dass sie individuell auf dich zutreffen. Denn die Punkte sind mit Absicht allgemein gehalten.

Letztendlich soll deine Berufung aus deinem Herzen entspringen und dort tief verfestigt sein.

Also, deine Aufgabe:

☑ **Lese die Liste mehrmals durch, bete und überlege zu den einzelnen Punkten, ob sich deine Berufung dahinter verbergen könnte.**

14 | So geht es weiter

Hey, wirklich toll, dass du bis hierher das Buch durchgearbeitet hast.

Viel zu viele Menschen kaufen sich Kurse oder Bücher, welche sie dann nicht zu Ende bringen.

Natürlich bist du selbst dafür verantwortlich, ob du die Aufgaben in den einzelnen Kapiteln fleißig durchgearbeitet hast.

Ich kann es gut verstehen, dass man manche Dinge einfach überspringt, auf die man keine Lust hat.

Deine Berufung zu finden ist ein Prozess

Wie auch immer: Seinen Sinn des Lebens zu finden kann ein längerer Prozess sein. Die Lektionen und Aufgaben in diesem Buch sollten dir eine Hilfestellung bieten und deinen Fokus auf das Ziel setzen, deine Berufung zu finden.

Du kennst mit Sicherheit das Phänomen, plötzlich das Auto überall zu sehen, das man sich frisch gekauft hat. Das liegt an der selektiven Wahrnehmung des Gehirns. Ohne weiter ins Detail zu gehen, hilft dir dieses Phänomen auch beim Finden deiner Berufung. Denn allein die Tatsache, dass du eine längere Zeit dieses Buch bearbeitest und deine bewusste Wahrnehmung darauf legst, deine Berufung zu finden, lässt dich diesem Ziel näher kommen.

Dir fallen nun im Alltag Dinge auf, welche dich auf deine Berufung hinweisen. Damit meine ich auf keinen Fall irgendwelchen esoterischen Kram. Nein, sondern du wirst dir deiner selbst bewusst, deiner Werte, Stärken, Leidenschaften und kommst so deiner Berufung näher.

Ich will dir Mut machen: Wenn du deine Berufung noch nicht finden konntest, nicht aufzugeben. Bleibe dran und vertiefe dich weiter in den Prozess. Arbeite einzelne Aufgaben dieses Buches erneut durch. Lasse dir Zeit!

Dein Leitsatz

Wenn du mithilfe dieses Buches deinen Sinn des Lebens finden konntest, freue ich mich sehr! Damit er sich dir gut einprägt, deinen Mitarbeiten, Kunden, Familie und Freunden verständlich wird, möchten wir deine Berufung in einem markanten Satz niederschreiben.

Ich helfe <deine Zielgruppe> indem ich <deine Tätikeit> um zu <die positive Auswirkung>.

Der erste Bestandteil sind die Menschen, denen du dienen und weiterhelfen möchtest. Man kann es allgemein sagen wie „alle Menschen" oder eben eingrenzen.

Als nächstes kommt dein Business, dein Beruf oder wie auch immer. Also das, was du letztendlich in Zukunft tun möchtest. Worin deine Berufung liegt.

Als letztes definierst du noch die positive Auswirkung, welche deine Tätigkeit auf deine Zielgruppe hat. Inwiefern wird deiner Zielgruppe geholfen, wenn du deine Tätigkeit ausübst?

Ein Beispiel von mir:

Ich helfe Menschen auf Sinnsuche durch meinen Podcast, Blog und Infoprodukte dabei, ihre Berufung zu finden und ein sinnerfülltes Leben zu führen.

Fange an, deine Berufung zu verwirklichen

Nun ist es an der Zeit, deinen Sinn des Lebens zu verwirklichen. Eine Berufung ist zwar die Motivationsquelle und das Leitbild schlechthin. Im alltäglichen Leben lässt sie sich oft jedoch nicht ohne weiteres umsetzen. Klar, die Berufung gibt dir Orientierung und gibt dir die grundsätzliche Richtung vor, die du einschlägst. So richtig greifbar zum tatsächlichen Ausleben und Umsetzen ist sie oft nicht.

Definiere deine Ziele schriftlich

Deshalb brichst du die Berufung herunter auf einzelne Ziele. Die Ziele sind die Meilensteine auf dem Weg, um der Berufung näherzukommen. Diese Ziele sind für das Alltagsgeschäft greifbarer als die große Vision.

Wenn du deine Berufung gefunden hast, kannst du daraus deine Ziele ableiten. Werden die Ziele nach dem SMART-Prinzip gesetzt, erzeugt es einen Ansporn bei dir, diese zu erreichen. Mit dem SMART-Prinzip sind die Ziele genau eingegrenzt in einem zeitlichen und messbaren Rahmen, sind einerseits ambitioniert und gleichzeitig auch realistisch. Du kannst so messen, ob und wie schnell du dich der Vision näherst.

Es ist bereits ein Schritt in die richtige Richtung, überhaupt Klarheit über deine Ziele zu erlangen, bevor du dir die Frage stellt: Wie erreiche ich meine Ziele?

Doch ein extrem größerer Schritt ist es, diese Ziele auch

schriftlich festzuhalten. Studien haben ergeben, dass man seine Ziele viel wahrscheinlicher erreicht, wenn man diese auch aufschreibt. Nicht nur im Kopf abspeichert, sondern auf Papier bzw. digital.

Also, um deine Ziele zu erreichen, solltest du sie definieren und aufschreiben. Dann solltest du sie dir immer wieder vor Augen führen. Sei es, sie laut vorzulesen oder erneut aufzuschreiben.

Erstelle einen Umsetzungsplan

Ziele zu haben ist gut. Doch wie erreiche ich diese Ziele nun konkret?

Dafür solltest du dir einen Plan zur Umsetzung überlegen. Welche konkreten Handlungen führen dich dazu, diese Ziele zu erreichen?

Breche die größeren Ziele herunter auf einzelne Meilensteine. Wenn du bspw. in 7 Jahren Millionär werden willst, dann setze dir Meilensteine auf dem Weg dahin. In einem Jahr besitzt du 50.000€, in drei Monaten willst du 10.000€ haben, in einem Monat hast du 3.000€.

Apropos Millionär werden: Sich das als Ziel zu setzen ohne eine größere Vision dahinter ist sinnlos. Schaue dir dazu unbedingt mein YouTube-Video an: „Millionär werden? Warum du das lassen solltest!"

Jetzt hast du dein längerfristiges Ziele auf mittel- und kurzfristige Meilensteine heruntergebrochen. Nun überlege dir Wege und Möglichkeiten, wie du diese Meilensteine erreichst.

Oft gibt es diverse Möglichkeiten dazu. Klug wäre es, die auszuwählen, welche möglichst effektiv und effizient sind.

Leite daraus ToDos ab, welche du nun täglich umsetzt. Einzelne Arbeitspakete für jeden Tag und jede Woche, die dich zu den einzelnen Meilensteinen führen. Und diese Meilensteine wiederum führen dich zu deinen Zielen.

Komme ins TUN

Fange wirklich an, umzusetzen!

Die allerbesten und schlauesten Pläne helfen dir gar nichts, wenn du nicht anfängst, auch auszuführen.

Wie erreiche ich meine Ziele? Indem du unbedingt deine ToDos erledigst.

Komme ins TUN: Dieses Wort kannst du als Akronym sehen für „Tag und Nacht".

Nicht nur, wenn du gerade hochmotiviert bist. Sondern gerade auch dann, wenn du down bist und die Energie fehlt. Raffe dich auf und arbeite Step by Step an der Umsetzung deiner Ziele.

Dranbleiben und weitermachen

Oft lassen sich die Erfolge nicht so schnell abzeichnen.

Nur minimale Ergebnisse sind anfangs zu sehen, wenn überhaupt. Denn Erfolg braucht einfach seine Zeit.

Während ich diesen Text schreibe, fällt mir etwas ein: Ich bin mit meinem Blog und Business generell noch bei weitem nicht dort, wo ich hin möchte.

Doch ich habe meine Vision vor Augen und glaube daran, dass der Erfolg kommen wird. Wenn ich dranbleibe, umsetze und weitermache.

Fokussiere deine Energie auf deine Ziele

Auf dem Weg zu deinen Zielen wirst du mit Sicherheit auch Ablenkungen und Hindernissen begegnen.

Setze den Fokus auf die Ziele. Stecke deine volle Energie darein.

Im Umkehrschluss: Setze deinen Fokus nicht auf Problem und stecke auch keine Energie in die Hindernisse und Schwierigkeiten.

Gehe mit voller Kraft voraus, deine Ziele zu erreichen.

Wenn du mit einer Lupe das Sonnenlicht bündelst und auf einen Punkt fokussierst, kann ein Papier anfangen zu brennen. Schau also, dass du auch deine Energie bündelst und auf deine Ziele fokussierst.

So kannst du vieles erreichen! Du bist so in der Lage, tatsächlich große Ziele zu erreichen und deine Berufung auszuleben.

Sind dir bei der Bearbeitung dieses Buches Fragen offen geblieben?

Kein Problem! Ich stehe dir zur Verfügung, um einzelne Dinge zu klären. Komme dazu einfach in ein persönliches Coaching mit mir.

Gerne bin ich bereit, die Inhalte dieses Buches in dieser oder abgeänderter Form als Seminar abzuhalten. Sei es für deine Mitarbeiter bei dir im Unternehmen oder als eigenständiges Seminar in deiner Stadt. Sende mir hierzu eine Anfrage: mail@dennis-streichert.de

Ich stehe liebend gerne auf der Bühne und inspiriere Menschen zu einem erfüllten, sinnvollen Leben. So kannst du mich auf ein Event als Speaker einladen. Mein Vortrag enthält spannende Geschichten, Tipps zum Finden des Lebenssinns und motivierende Impulse für das Publikum. Ich bin überzeugt, die Zuhörer werden begeistert sein und angeregt werden, ihre Berufung zu finden.

Kontaktiere mich für eine Einladung als Speaker an der oben genannten Email-Adresse.

Melde dich jetzt bei mir, um das Thema „Sinn des Lebens finden" noch weiter zu vertiefen oder zu verbreiten. Denn die Welt braucht Visionäre!

Wie hat dir dieses Buch gefallen?

Ich hoffe natürlich, dass du vieles wertvolle aus dem Buch mitnehmen konntest. Im Idealfall hast du deinen Sinn des Lebens gefunden.

Doch weiß ich, dass das Buch nicht perfekt ist. Ich möchte es weiter optimieren und benötige dazu dein Feedback.

Bitte sende eine Email an mail@dennis-streichert.de und beantworte folgende Fragen:

1. Hast du durch dieses Buch deinen Sinn des Lebens gefunden?

    1. Wenn ja, magst du ihn mir verraten? :-)

    2. Wenn du die Berufung nicht gefunden hast: Weißt du, woran das lag?

2. Welche Kapitel haben dir am meisten gefallen? Warum?

3. Und welche Kapitel konntest du am wenigsten ausstehen? Warum?

4. Was würdest du noch an Inhalten haben wollen?

Ich sende dir für dein Feedback eine Überraschung zu :-) !

Vielen Dank für deine Hilfe!

Mach's gut,

Dein Dennis

PS: Es wäre wundervoll, wenn du dieses Buch an andere Menschen weiterempfiehlst oder ihnen ganz einfach dein Exemplar schenkst, wenn du es fertig gelesen und durchgearbeitet hast.

Beteilige dich mit an meiner Vision, viele Menschen zu unterstützen, ihren Sinn des Lebens zu finden.

Es hat derjenige Erfolg erzielt,
der gut gelebt, oft gelacht und viel geliebt hat.

Der sich den Respekt von
intelligenten Männern verdiente
und die Liebe von kleinen Kindern;

Der eine Lücke gefunden hat,
die er mit seinem Leben gefüllt hat,
und der seine Aufgabe erfüllte;

Ob entweder durch schöne Blumen, die er züchtete,
ein vollendetes Gedicht oder eine gerettete Seele;

Dem es nie an Dankbarkeit fehlte,
und der die Schönheit unserer Erde zu schätzen wusste,
und der nie versäumte, dies auszudrücken;

Der immer das Beste in anderen sah und
stets sein Bestes gab;
dessen Leben eine Inspiration war,
und die Erinnerung an ihn ein Segen.

Bessie Anderson Stanley, 1897-1952

Dennis Streichert

BÜCHER DES AUTORS

Lesen Sie weitere Bücher von
Dennis Streichert bei Amazon Kindle.

Eine Übersicht finden Sie auf
dennis-streichert.de/buecher

ÜBER DEN AUTOR

Dennis Streichert hat eine Vision: Er möchte Menschen zu einer höheren Lebensqualität verhelfen. Es beginnt bei elementaren Dingen wie Lebensmitteln, einem Zuhause und Bildung für arme Menschen. Aber auch die Menschen in den reicheren Ländern leben oft unter ihren Möglichkeiten. Dieses Potenzial voll auszuschöpfen und ein sinnerfülltes Leben zu führen – dazu möchte Dennis die Menschen ermutigen.

Lassen Sie sich von noch mehr Inhalten inspirieren:
- Alles rund um den Lebenssinn, Erfolg, Glaube und Business: dennis-streichert.de/blog
- Der passende Podcast dazu: „Leben mit Sinn"
- YouTube: https://www.youtube.com/channel/UCZYGAmX4Cjj9jbrp9D9wT3A
- Instagram: https://instagram.com/dennis.streichert

Möchten Sie Kontakt zu Dennis aufnehmen?
Schreiben Sie eine Email an:
mail@dennis-streichert.de

www.ingramcontent.com/pod-product-compliance
Lightning Source LLC
Chambersburg PA
CBHW022112050726

47591CB00002B/766